LA FOLLE GAGEURE,

COMÉDIE.

EN UN ACTE ET EN PROSE,

MÊLÉE D'ARIETTES;

Représentée pour la première fois, à Paris, sur le Théâtre François, Comique & Lyrique, le 30 Juin 1790.

Paroles de M. LÉGER, Musique de M. LE BLANC.

Prix 1 liv. 4 sols.

A PARIS,

Chez CAILLEAU & FILS, Libraires-Imprimeur, rue Galande, N° 64.

1790.

PERSONNAGES. ACTEURS.

LE MARQUIS D'ORSIGNY.	M. Rousseau.
BLAISE.	M. Juliette.
NICOLAS.	M. Duforez.
MATHURINE, femme de Blaise.	Mlle Darci.
JAVOTTE, femme de Nicolas.	Mlle Queneuil.

N. B. Les Personnages sont placés à la tête de chaque Scène comme ils doivent être au Théâtre.

A MONSIEUR LE BLANC.

Mon cher Ami,

SOUFFREZ que l'amitié & la reconnoissance vous dédient une bagatelle sur laquelle vos talents ont répandu tant de charmes : c'est un hommage que je vous dois à plus d'un titre, puisque c'est à votre jolie musique seule que je suis redevable du succès qu'elle a obtenu.

Mais en rendant au Compositeur toute la

justice qu'il méritoit, le Public ignoroit que vous m'aviez fourni vous-même les idées les plus heureuses & les situations les plus piquantes de l'ouvrage : & je me fais un plaisir bien doux de lui apprendre ce que votre modestie aurait tenu caché. Puissai-je trouver l'occasion de faire paraître vos talents dans tout leur jour, & vous prouver l'estime & l'attachement avec lesquels j'ai l'honneur d'être,

MON CHER AMI,

Votre très humble & très-obéissant Serviteur,

LÉGER.

LA FOLLE GAGEURE,
COMÉDIE.

(Le Théâtre représente un Hameau. A droite est la maison de Blaise ; à gauche, celle de Nicolas : dans le fond, sur le côté, est une vieille mazure où il y a une fenêtre.)

SCÈNE PREMIÈRE.
BLAISE, NICOLAS.

BLAISE.

Qu'as-tu donc aujourd'hui, père Nicolas ? Tu m'as l'air un peu triste.

NICOLAS.
Non, j'n'ai rien, Blaise.

BLAISE.
Mais encore ?

NICOLAS.
J'n'ai rien, te dis-je.

BLAISE.
Comment, tu fais l'discret avec Blaise, ton vieux ami, ton voisin, c'est fort mal. Quand j'ai queuque chose sur l'cœur, est-ce que je n'te l'dis pas tout naturellement, as-tu queuque affaire ? Parle... Mon bras & ma bourse sont à ton service.

NICOLAS.
J'te remercie : c'n'est pas ça qui m'chiffonne.

BLAISE.
Quoi donc qu'c'est ?

NICOLAS.
J'vas te le dire, écoutes : il y a six mois que j'avons fait tous-deux la sottise d'nous marier.

BLAISE.
Eh ben ! après ?

NICOLAS.
Tu n'es plus jeune ; moi, je n'suis plus ce que j'étais à vingt ans, & j'ai ben peur que nos femmes...

BLAISE.
Fi donc, fi donc, ma Mathurine est jeune ! mais elle est sage, & j'défie morgué tous les galans de faire sourciller sa vertu.

NICOLAS.
Mon ami, n'jurons de rien.

BLAISE.
Tiens, écoutes :

COMÉDIE. 7

AIR.

QUAND gaîment dans ma chaumie-re, Je rentre à la fin du jour, Il faut voir ma ménagere Sauter d'plaisir & d'amour, Sauter d'plaisir & d'amour, Sauter d'plaisir & d'amour. Ah! te v'là mon p'tit Blai-se, Mon p'tit ma-ri, bon soir; Mon cœur n'se sent pas d'ai-se d'plaisir de t'revoir; Mon cœur n'se sent pas d'ai-se du plaisir de t'revoir, Mon cœur n'se sent pas d'ai-se du plaisir de t'revoir. Puis d'la meilleure grace, M'offrant son joli minois, Elle me baise & m'embras-se, El-le me baise & m'embras-se; Et me rebaise cent fois, Et me rebai-se cent fois, J'nous mettons ensuite à table. Là d'un re-pas

A 2

LA FOLLE GAGEURE,

COMÉDIE.

nois, Elle me baise & m'embraſſe, Elle me baiſe & m'embraſ-ſe, & me rebai-ſe cent fois, Et me rebai-ſe cent fois; Et puis, & puis, & puis après. Quand gaiment dans ma chaumiere, Je rentre à la fin du jour. Il faut voir ma ména-gere Sauter d'plaiſir & d'amour

Il faut voir ma ména-gere Sauter d'plaiſir & d'amour; Il faut voir ma mé-na-gere Sauter d'plaiſir & d'amour; Il faut voir ma mé-na-

ge-re Sauter d'plai-ſir & d'a- mour.

NICOLAS.

Allons, tant mieux, voiſin ; j'commence à m'raſſurer : tu ſais qu'c'eſt moi qui t'ai conſeillé de t'marier, & j'craignions d'nous attirer des reproches.

BLAISE.

Pourquoi donc ça ? (*Ici Mathurine paraît & les écoute.*)

NICOLAS.

C'eſt qu'il m'ſemble que M. le Marquis d'Orſigny, dont j'ſommes les fermiers, va ſouvent chez toi viſiter le local : il eſt jeune, aimable, libéral, & c'eſt trois fois trop pour faire tourner la tête d'une femme.

BLAISE.

Mais, père Nicolas, je le vois auſſi chez toi tous les jours : eſt-ce que ta femme n'a pas des yeux comme la mienne ?

NICOLAS.

Ma Javotte.. Oh ! morguienne, il a beau être Monſeigneur, je parie qu'au premier mot de fleurette, elle vous l'rembare d'la bonne manière.

BLAISE.

Hé ben ! gageons dix piſtoles que ſi Monſieur l'Marquis veut faire un préſent à ta femme, elle l'accepte, & que la mienne l'refuſe.

NICOLAS.

J'parie, moi, qu'Javotte réſiſte, & que Mathurine ſe rend à diſcrétion.

BLAISE.

Vas, touche-là : la parole vaut l'jeu. J'allons dire à nos femmes que j'partons pour la ville, & puis j'nous cacherons dans c'te maſure d'où je pourrons tout voir ſans être vus.

NICOLAS.

Chut, chut, les voici.

MATHURINE, à Javotte.

J'veux faire enrager nos maris, dis comme moi, tu ſçauras pourquoi.

SCENE II.
MATHURINE. BLAISE. NICOLAS. JAVOTTE.

BLAISE.
Ah ! vous v'là, nos femmes. Tant mieux, j'allions vous chercher.

MATHURINE.
Pourquoi faire ? Dis donc vîte, vîte.

BLAISE.
Tudieu, queux démangeaison !

NICOLAS.
C'est pour vous dire que Blaise & moi j'allons faire un p'tit voyage à la Ville.

JAVOTTE.
Serez-vous longtems partis ?

BLAISE.
Mais non... Jusqu'à ce soir.

JAVOTTE.
C'est ben long.

MATHURINE.
Ah ! oui, c'est ben long.

QUATUOR.

JAVOTTE.
Éloigné de ce qu'on aime,
Que le tems semble ennuyeux !

MATHURINE.
Pour moi, ma peine est extrême,
Lorsque tu quittes ces lieux.

LA FOLLE GAGEURE,

BLAISE & NICOLAS.

Tu vois combien elle m'aime,
Et combien je suis heureux.

JAVOTTE.

A chaque instant mon cœur soupire.

MATHURINE.

Le mien éprouve je n'sais quoi,
Qui l'agite & le déchire,
Quand tu n'es pas avec moi.

BLAISE.

Quel bonheur ! Quel bien suprême !

NICOLAS.

Aime-moi toujours de même,
Je s'rai plus content qu'un Roi.

MATHURINE & JAVOTTE.

Si pourtant, en ton absence,
Monseigneur vient au logis,
Ses discours & sa présence
Suspend un peu mes ennuis.

BLAISE, *à part.*

Aye ! Aye ! Que viens-je d'entendre ?

NICOLAS, *à part.*

Cet aveu ne me plaît pas.

MATHRINE.

Il me dit d'un air bien tendre,
Qu'il me trouve mille appas.

NICOLAS, *à Blaise.*

Si tu gages, tu perdras.

JAVOTTE.

Moi, j'ai du plaisir à l'entendre,
Parce que j'crois qu'c'est Nicolas.

COMÉDIE.

BLAISE, *à Nicolas.*

Si tu gages, tu perdras.

MATHURINE.

Mais n'crois pas que ta femme
Puisse parjurer ta foi.

BLAISE.

J'n'en sais trop rien, ma foi.

JAVOTTE.

Mais, toujours fidèle à ma flamme,
Je n'aimerai jamais que toi.

NICOLAS.

Je le crois... Pas trop, ma foi.

ENSEMBLE.

MATHURINE & JAVOTTE.	BLAISE & NICOLAS, *ironiquem.*
Éloignés de ce qu'on aime,	Aime-moi toujours de même,
Que le tems semble ennuyeux !	Tu combleras tous mes vœux.

NICOLAS.

Dis-donc, voisin, veux-tu poursuivre la gageure maintenant ?

BLAISE.

Ma foi, oui, la partie est égale, & j'risque l'paquet.

NICOLAS.

J't'en fais mon compliment... Va comme il est dit. Au revoir, nos femmes, à ce soir.

SCÈNE III.

MATHURINE. JAVOTTE.

MATHURINE, *riant.*

Les v'là partis, bon voyage : ha, ha, ha !

JAVOTTE.

Qui t'fait donc rire si fort, Mathurine ?

MATHURINE.

Tu ne sais pas ? Ha, ha, ha !

JAVOTTE.

Non.

MATHURINE.

Mon mari a gagé qu'si Monseigneur te comptait des douceurs, tu l'écouterais, & qu's'il te baillait un présent, tu l'accepterais.

JAVOTTE.

Ton mari est un impertinent.

MATHURINE.

Eh ben, l'tien aussi, car il a gagé la même chose de moi ; & c'est pour nous éprouver & nous laisser nos coudées franches, que ces Messieurs ont supposé leur voyage.

JAVOTTE.

Ah ! oui, j'suis bien aise de l'savoir, j'vas l'y apprendre à exposer comme ça la fidélité de sa femme.

MATHURINE.

Et moi, j'm'apprête à faire une fière peur à Blaise.

COMÉDIE.

JAVOTTE.

J'suis charmée d'ailleurs de jouer un peu Monsieur l'Marquis, & l'guérir de la prévention où il est qu'on peut impunément troubler deux ménages, & que nous sommes trop heureuses qu'un Seigneur daigne jetter les yeux sur nous.

MATHURINE.

A te dire vrai, j'n'en suis pas fâchée non plus.

JAVOTTE.

N'y a rien de si drôle que tout ce qu'il m'dit, quand il m'trouve seule, avec son air fat & son ton suffisant. Ecoute :

CHANSON.

Pour toi du plus tendre amour, Je sens la flamme;

Et ta beauté, nuit & jour, parle à mon ame. Mais pour un

amant qui t'implore, N'ait point de rigueur, Javotte, c'est toi

que j'adore : Fais mon bonheur, Fais mon bonheur.

Dans tes beaux yeux, le plaisir
Peint son yvresse ;
Et dans les miens, le desir
Peint la tendresse.
Mais ne rebute pas sans cesse
La plus vive ardeur,
Souris à l'Amant qui te presse,
Fais son bonheur.

Je veux oublier pour toi
Rang & naissance,
Mais songe à quitter pour moi
L'indifférence.
L'Amour nourri par l'espérance
Est plein de douceur:
Mais aussi, sans la jouissance,
Point de bonheur.

MATHURINE.
Hé ben, il m'a répété ça aussi plus de cent fois.
JAVOTTE.
Mathurine, v'là nos Messieur à leur fenêtres...
Si le Marquis pouvoit venirr

SCENE IV.

MATHURINE. JAVOTTE. BLAISE & NICOLAS *à leur fenêtre.*

BLAISE.

AH! v'là nos commères ensemble: bon, j'crois que nous n'languirons pas longtems: aussi ben j'apperçois Monseigneur qui vient par ici.
MATHURINE, *bas à Javotte.*
V'là l'Marquis, préparons-nous à ben jouer nos rôles.

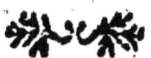

COMÉDIE.

SCENE V.

MATHURINE. LE MARQUIS. JAVOTTE. BLAISE. NICOLAS.

LE MARQUIS, *d'un air suffisant.*

Bon jour, belle Javotte. Bon jour, charmante Mathurine.

MATHURINE.
Monsieur l'Marquis, vot'servante.

LE MARQUIS.
D'honneur, vous voilà toujours fraiches & jolies comme à l'ordinaire.

JAVOTTE.
Monseigneur est ben honnête.

LE MARQUIS.
On peut facilement oublier près de vous la Ville & ses plaisirs, mais oublier que l'on a un cœur, n'est pas aussi facile.

JAVOTTE.
C'est que Monsieur l'Marquis est indulgent.

NICOLAS, *à Blaise.*
Ça ira, ça ira.

LE MARQUIS.
J'ai pourtant à me plaindre de vous.

MATHURINE, *à part.*
Nous y v'là.

JAVOTTE.
De nous, Monseigneur !

B

LA FOLLE GAGEURE,

LE MARQUIS.

Oui, sans doute. Vous connaissez tout l'attachement que vous m'avez inspiré; & cependant vous refusez de recevoir le plus léger cadeau de la main d'un homme qui ne respire que pour votre bonheur.

MATHURINE.

Pardonnez-moi, Monseigneur, mais...

BLAISE.

Dis donc, compère, elles n'se fâchent pas.

NICOLAS.

C'est c'qui m'semble.

QUINTETTI.

LE MARQUIS.

O vous qu'avec tant de charmes
L'Amour prit soin de former,
A ce Dieu rendez les armes,
Il vous dit qu'on doit aimer.

ENSEMBLE.

MATHURINE & JAVOTTE.	BLAISE & NICOLAS.
Mon Dieu, l'excellente affaire	Hé ben, qu'en dis-tu, compère,
Pour corriger nos maris.	Je crois que nous voilà pris.

LE MARQUIS.

Des mains d'un ami qui vous aime,
Recevez ces brillants rubis.
Mon ardeur extrême
En fait tout le prix.

LE MARQUIS.	BLAISE & NICOLAS.
A qui l'offrir la première,	Voyons qui des deux, compère,
D'honneur, je ne le sais pas.	Doit ici sauter le pas.

COMÉDIE.

LE MARQUIS.
Quoi ! Javotte, Mathurine,
Vous ne me repondez pas.

BLAISE & NICOLAS.
Leur silence se devine,
Oh ! le cruel embarras.

LE MARQUIS.
Mathurine que j'adore,
Partage mes sentiments,
Et du feu qui me dévore
Que ces bijoux soient garants.

ENSEMBLE.

MATHURINE.	NICOLAS.
Hé quoi ! votre cœur m'adore,	C'est ta femme qu'il adore,
Que ces bijoux sont charmans !	C'est elle qu'aura les présens.

LE MARQUIS.
Toi, Javotte...

JAVOTTE, *avec un dépit simulé.*
Votre flamme
Ne peut, Monsieur, qu'm'insulter ;
Sachez qu'une honnête femme
Ne doit point vous écouter.

NICOLAS.
Oh, bravo !

LE MARQUIS.
Mais quel vertige...

JAVOTTE.
Laissez-moi, Monsieur, vous dis-je,
Et cessez de m'insulter.

NICOLAS.
C'est charmant...

LA FOLLE GAGEURE,

LE MARQUIS.

Et Mathurine...

MATHURINE; *prenant une bague.*

Moi, je suis un peu plus fine,
Je veux bien les accepter.

ENSEMBLE

LE MARQUIS.	BLAISE.	NICOLAS.
Je triomphe, à ma tendresse Elle n'a pu resister.	Elle cède, la traîtresse, Peut-on ainsi me traiter.	Blaise, allons, point de tristesse, Il faut gaîment t'acquitter.

MATHURINE & JAVOTTE.

Monseigneur, à sa tendresse
Croit qu'on ne peut résister.

(*Javotte a l'air de sortir furieuse, Blaise & Nicolas se retirent.*)

SCENE VI.

LE MARQUIS. MATHURINE.

LE MARQUIS.

Quoi belle Mathurine, vous voulez déjà me quitter?

MATHURINE.

Mais, Monseigneur, j'n'ai plus rien à vous dire.

LE MARQUIS.

Il est pourtant des choses que j'aurais bien du plaisir à entendre.

COMÉDIE.

MATHURINE.

Est ce que Monsieur l'Marquis aurait mis queuque condirion à son présent?

LE MARQUIS.

Oui, une bien douce.

MATHURINE.

Quoi donc?

LE MARQUIS.

C'est de permettre que je vous embrasse.

MATHURINE.

Monseigneur, v'là vot'bijou : à ce prix je suis vot' servante.

LE MARQUIS.

Non... non... N'en parlons plus, si cela vous offense. (*à part.*) Voilà une résistance a laquelle je ne m'attendois pas.

MATHURINE

C'est que Monseigneur n'y est pas accoutumé.

AIR.

Je sçavons ben qu'à la vil-le; Lorsqu'on demande un bai-

ser, Les Dames d'humeur très-fa cile, Ac-cor-dent tout; Sans jamais

rien r'fu-ser: Mais au vil-la-ge c'n'est pas de mê- me. De nous en

vain, l'on est é-pris, Nous aimons ben qui nous ai-me; Mais

j' n'embrassons qu' nos maris. Nous aimons ben qui nous aime;
j' n'embrassons qu' nos maris.

Vous avez bien de quoi plaire,
J'l'avons pensé quelque fois.
Un bon cœur, un bon caractère,
Qui font qu'on aime à vivre sous vos loix :
Mais j'peux vous dire, & sans caprice,
Que d'nous en vain l'on est épris,
Aux vertus j'rendons justice,
Mais j'n'embrassons qu'nos maris.

Si vous croyez qu'ça m'tente,
Reprenez tous vos bijoux :
Mon bon Seigneur, j'suis vot'servante,
Ces présens-là ne peuvent rien sur nous.

(*Elle sort en fuyant.*)

SCÈNE VII.

LE MARQUIS, *seul.*

IL serait plaisant que je fusse dupe de ces petits manéges, & qu'une paysanne me forçât de conquérir son cœur... Mais je ne reviens pas de la fierté avec laquelle Javotte a refusé de prendre mon présent... Je suis piqué de la résistance, & je n'en aurai pas le démenti. Je cours la chercher à l'ins-

COMÉDIE.

tant : & je l'aurai bientôt obligée de se rendre à mes vœux : non que j'attache de l'importance à de pareils succès ; une amourette de village n'a pas de quoi flatter beaucoup ma vanité... Eh ! pourquoi non ?.. Javotte & Mathurine sont mes fermières, il est vrai ; mais enfin elles sont femmes & jolies ; & la beauté mérite des hommages dans quelque rang qu'elle se présente.

SCENE VIII.

BLAISE. NICOLAS, *appercevant le Marquis.*

NICOLAS.

Le v'là aller ! c'est ma foi tout de bon ! Eh ben ! voisin, prendras-tu de mes almanachs une autre fois ?

BLAISE.

Laisse-moi tranquille... La perfide ! Céder sans faire la moindre résistance.

NICOLAS.

J't'avais prévenu : tu n'as pas voulu m'croire, dame, tant pis pour toi.

BLAISE.

Moi, qui la croyais si sage.

NICOLAS.

Allons donc, est-ce qu'il faut toujours croire ça une femme.

LA FOLLE GAGEURE,

AIR:

La femme d'nos cœurs la plus digne,
Est un chat, qui, presque toujours,
Ou nous mord, ou nous égratigne,
En faisant patte de velours.
 Ah! te voilà, mon cher Blaise,
  Mon p'tit mari, bonsoir.
 Mon cœur ne se sent pas d'aise
  Du plaisir de te revoir.
 Et tu la croyais sincère?
 Ah! Fi donc, fi donc, compère,
 Je ne m'y trompe jamais.
 Souvent, d'la meilleure grace,
 Ell'nous baise & nous embrasse,
 Nous rebaise, & puis après...

La femme d'nos cœurs &c.

BLAISE.

Mais pourquoi n'as-tu pas la même idée de ta femme?

NICOLAS.

C'est ben different: ma Javotte est un p'tit oiseau que j'ai élevé à la brochette, & qui fait tout c'que je veux.. Allons, Blaise, point de chagrin, donne-moi dix pistoles, & qu'il n'en soit plus question.

BLAISE.

Doucement, voisin; doucement, tu n'as pas encore gagné, j'veux avoir ma révanche.

NICOLAS.

Comment? Tu n'es pas encore content.

BLAISE.

Non, sans doute, & je n'te paierai qu'après la première entrevue de ta femme avec Monsieur le Marquis.

COMÉDIE.

NICOLAS.
Soit, soit, j'y consens d'tout mon cœur... Tiens, j'apperçois ta femme, retirons-nous ; il est essentiel qu'elle ne nous voye pas.

BLAISE.
La coquine, comme j'vas lui laver les oreilles.

SCENE IX.

MATHURINE. JAVOTTE.

MATHURINE, *arrivant mystérieusement.*

Javotte, Javotte, viens donc vite.

JAVOTTE, *endedans.*

Je descends.

MATHURINE.
Allons, père Nicolas, c'est à vot'tour de danser, j'allons voir si vous allez nous faire bonne mine.

JAVOTTE.
Eh ben, quoiqu'il y a de si pressé ?

MATHURINE.
Monseigneur te cherche partout, il veut absolument te faire aussi son p'tit présent ; Blaise & Nicolas viennent de sortir : dès que Monsieur l'Marquis paroîtra, & que vot'conversation commencera à s'échauffer, j'ferai avertir nos jaloux, & puis j'nous donnerons l'plaisir d'les bafouer tout à notre aise.

JAVOTTE.
Eh ben, tu peux partir tout de suite, car v'là not'amoureux qui s'avance.

MATHURINE.
Adieu, ayes en foin, j'te le recommande.
JAVOTTE.
Sois tranquille, il eft en bonnes mains.

SCENE X.

LE MARQUIS. JAVOTTE.

LE MARQUIS, à part.

Javotte feule : tant mieux, je ne languirai pas longtems.

JAVOTTE, à part.

Voyons-le venir, & t'nons nous ben.

LE MARQUIS.

Hé ben, belle Javotte.

JAVOTTE.

Ah! Monfeigneur, pardon : je n'vous voyais pas ; j'vas m'en aller.

LE MARQUIS.

Comment, encore des rigueurs! Ah, d'honneur, c'eft pouffer trop loin la barbarie.

JAVOTTE.

C'eft qu'Monfieur l'Marquis attend p't'être quelqu'un que ma préfence pourroit gêner.

LE MARQUIS.

En vous voyant, charmante Javotte, peut-on s'occuper d'un autre objet que vous?

JAVOTTE.

Mais, Monfeigneur, r'gardez moi, vous vous méprénez fans doute, je fuis Javotte.

COMÉDIE.

LE MARQUIS.
Et la seule qui puisse régner dans mon cœur.

JAVOTTE.
Vous avez donc bien des cœurs, car tout-à-l'heure vous en disiez autant à Mathurine.

LE MARQUIS, *à part.*
Elle est jalouse, j'la tiens.

JAVOTTE, *à part.*
Comment qu'il va se tirer d'là ?

LE MARQUIS.
Soyez persuadée, belle Javotte...

JAVOTTE.
Que vous adorez Mathurine... Quoiqu'ça me fait à moi ? Vous êtes ben l'maître d'aimer qui vous plaît.

LE MARQUIS.
Aussi, ne veux-je aimer que vous, & me croirai-je trop heureux de vous faire agréer ce brillant.

JAVOTTE.
J's'rais ben fâchée d'le recevoir... (*à part.*) Oh ! qu'il est joli !

LE MARQUIS.
Quoi, sérieusement !..

JAVOTTE.
Ah ! mon Dieu, oui. (*à part.*) J'voudrais déjà l'tenir.

LE MARQUIS.
Voilà qui est singulier, par exemple.

FINALE.

JAVOTTE.

Pour celle que votre cœur adore
Conservez ce joli présent.

LA FOLLE GAGEURE,

LE MARQUIS.
Ah ! du feu qui me dévore,
Toi seule est l'objet charmant.

JAVOTTE.
Je n'en crois rien.

LE MARQUIS.
Quelle injustice !

JAVOTTE
Mathurine a sçu vous charmer,
Et, sans craindre que j'en gémisse,
Monsieur, vous pouvez l'aimer.

LE MARQUIS.
Non, c'est toi seule que j'aime.

JAVOTTE.
Je ne le croirai jamais.

LE MARQUIS.
Crois-en mon ardeur extrême,
Crois-en tes divins attraits.

JAVOTTE.
Je ne le croirai jamais.

ENSEMBLE.

LE MARQUIS.	JAVOTTE.
Il faut changer de langage,	Si j'm'obstine davantage,
Et nous y prendre autrement.	Je n'aurai point le présent.

LE MARQUIS.
Adieu, beauté trop inflexible,
Que j'aimais avec tant d'ardeur,
Puisque ton cœur est insensible,
Adieu, pour toujours.

JAVOTTE.
Monseigneur.

COMEDIE.

LE MARQUIS.
Elle y viendra.

SCENE XI.

LE MARQUIS. JAVOTTE. BLAISE.

BLAISE, *dans le fond du Théâtre.*

Quoi, Javotte
Avec Monsieur l'Marquis,
Nicolas, à toi la botte,
A ton tour te voilà pris.

JAVOTTE.

Si je vous croyois sincère...

LE MARQUIS.

Ce doute me désespère,
Je ne veux aimer que vous.

ENSEMBLE.

LE MARQUIS.	JAVOTTE.	BLAISE.
Oui, mon ardeur est sincère,	Si votre ardeur est sincère,	Approche, approche, compère,
Je le jure à vos genoux.	Votre présent m'est bien doux.	Viens le voir à ses genoux.

SCENE XII.

LES PRÉCÉDENS, NICOLAS.

NICOLAS.

Femme parjure, infidelle,
Ne parais plus à mes yeux.

JAVOTTE.	LE MARQUIS.
Il a perdu la cervelle,	L'aventure est trop cruelle,
Oh! le pauvre malheureux!	Morbleu, que je suis malheureux.

NICOLAS.
Ne ris pas, je te conseille.

BLAISE.
Mon voisin, c'est à merveille,
Nous voilà quittes tous deux.

ENSEMBLE.

LE MARQUIS.	NICOLAS.
Je suis dupé, j'en enrage,	Morgué, j'étouffe, j'enrage,
Comment sortir de ce pas.	Et ne me connois pas.
BLAISE.	JAVOTTE.
Eh! Compère, sois plus sage,	Mon p'tit mari, sois plus sage,
Ça ne te guérira pas.	Ça ne te guérira pas.

COMÉDIE.

SCENE XIII, & dernière.

LES PRÉCÉDENS, MATHURINE

MATHURINE.

Quel vacarme ! Quel tapage,
Faites-vous donc tous là bas.

NICOLAS.

Voilà cet autre modéle
De candeur & de vertu.

BLAISE.

Femme parjure, infidèle,
Viens r'cevoir ce qui t'est dû.

MATHURINE.

Aujourd'hui, c'est chose claire,
I's seront devenus foux.

MATHURINE.	JAVOTTE
Cher Blaise.	Nicolas

BLAISE & NICOLAS.

Veux-tu te taire.
Infidelle.

MATHURINE & JAVOTTE.

Cher époux !

BLAISE & NICOLAS.

Silence, ou crains ma colère.

ENSEMBLE.

MATHURINE & JAVOTTE.	LE MARQUIS.	BLAISE & NICOLAS.
Ah ! Ah ! La bonne aventure, Pour corriger nos jaloux.	Pour terminer l'aventure, Je crois qu'il faut filer doux.	Ne ris pas, femme parjure, Ou redoute mon courroux.

BLAISE.
Courage, Monseigneur, n'vous gênez pas.

LE MARQUIS.
Croyez, mes amis que j'avais les intentions les plus pures.

MATHURINE.
Oh, j'en réponds.

BLAISE.
Comment, tu oses lever les yeux. Que je t'entende ?

NICOLAS.
Puisque Monsieur l'Marquis commence si ben, il n'a qu'à poursuivre. Il peut garder Javotte pour c'qu'elle vaut, il n'la payera pas cher.

LE MARQUIS.
Mais tout ceci n'étoit qu'un badinage...

JAVOTTE.
Mon cher Nicolas, tu es un galant homme : je n'te f'rai pas l'aveu de ma faute, puisque tu sais tout ; j'n'aurais pas dû écouter M. l'Marquis. J'en conviens, mais enfin à tout péché miséricorde, & j't'en demande pardon (*Elle lui donne un soufflet.*)

MATHURINE.
Mon p'tit mari, vous êtes ben aimable : je sens tous mes torts envers vous, & je vous prie d'en recevoir mes excuses. (*Elle lui donne un soufflet*).

BLAISE.

COMÉDIE.

BLAISE.

Fort ben ? Vous allez voir qu'elles auront encore raison.

NICOLAS.

Ah ça, Mais quoique tout ça signifie ?

MATHURINE.

Que vous êtes des imbécilles, & qu'une autre fois, quand vous voudrez éprouver vos femmes, vous prendrez garde d'être entendus.

BLAISE.

Dis donc, voisin, elles savaient tout.

JAVOTTE.

Oui, sans doute, & p'r'être que d'autres à not' place n'vous en auraient pas tenus quitte à si bon marché.

LE MARQUIS.

Voilà deux commères qui ne m'ont pas mal joué.

MATHURINE.

Pardon, Monseigneur, vous pourrez vous dédommager facilement à la Ville de ce p'tit malheur.

JAVOTTE.

Monsieur l'Marquis, v'là vot' joli brillant.

MATHURINE.

Monseigneur, v'là vot' bijou.

LE MARQUIS.

Non, non, gardez-les, je vous en conjure. Que ces bagatelles, qui souvent sont le prix du vice, soient pour vous le prix de la constance & de la vertu.

NICOLAS.

Ah ! je respire.

BLAISE.

Et moi aussi.

34 LA FOLLE GAGEURE,

NICOLAS.

Hé ben, nos femmes, nous pardonnerez-vous not'colère.

MATHURINE.

Oui, pourvu que cte p'tite leçon vous corrige.

BLAISE.

Allons, voisin, Dieu soit loué; nous ne perdons ni l'un ni l'autre, mais nous avons ben cru avoir gagné tous-deux.

VAUDEVILLE.

LE MARQUIS.

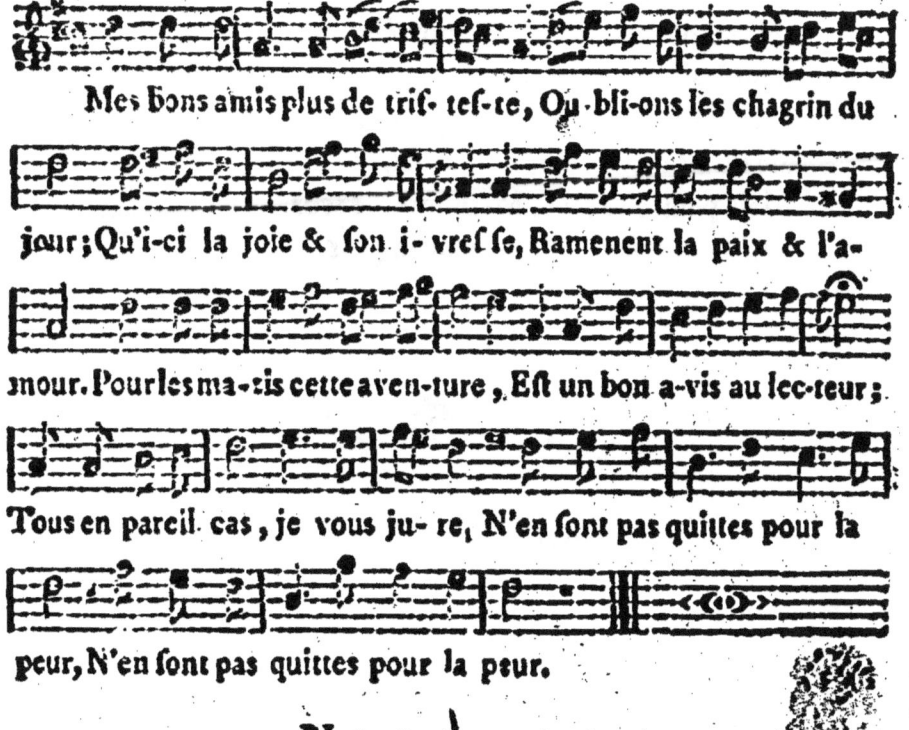

Mes bons amis plus de trif-tef-te, Ou-bli-ons les chagrin du jour; Qu'i-ci la joie & son i-vreffe, Ramenent la paix & l'a-mour. Pour les ma-ris cette aven-ture, Est un bon a-vis au lec-teur; Tous en pareil cas, je vous ju-re, N'en sont pas quittes pour la peur, N'en sont pas quittes pour la peur.

NICOLAS.

Être outragé par celì' qu'on aime,
C'est un tourment plein de rigueur;

COMÉDIE.

Et je trouve un plaisir extrême
A reconnoître mon erreur.

BLAISE.

J'étois sûr de ma Ménagère,
Je connoissois trop ben son cœur...

JAVOTTE.

Ça peut ben être : mais, compère,
Vous avez eu diablement peur.

MATHURINE, *au Public.*

Les Auteurs de c'te bagatelle
Ont gagé très-modestement,
Que ce nouveau fruit de leur zèle
Réussiroit complettement.
C'trait-là, personne ne l'ignore,
Méritrait ben quelque rigueur,
Mais pour c'te fois, Messieurs, encor
Qu'ils en soient quittes pour la peur.

FIN.